로봇과 AI 세상

헤니 애드모니 글 · 에이미 그라임스 그림
이한음 옮김

목차

- 4 미래 세계에 온 것을 환영해요!
- 6 로봇의 역사
- 8 하드웨어와 소프트웨어
- 10 로봇이란 무엇일까?
- 12 로봇의 몸
- 14 인공 지능이란 무엇일까?
- 16 주위를 잘 살펴!
- 18 영리한 기계들
- 20 수다를 떨어 볼까?
- 22 로봇 선생님
- 24 강철 근육
- 26 지구 구하기
- 28 다재다능
- 30 이동
- 32 농업 로봇
- 34 협동 작업
- 36 부드럽고 딱딱한 로봇
- 38 동물을 모방한 로봇
- 40 힘들고, 더럽고, 위험한 일
- 42 수중 탐사 로봇

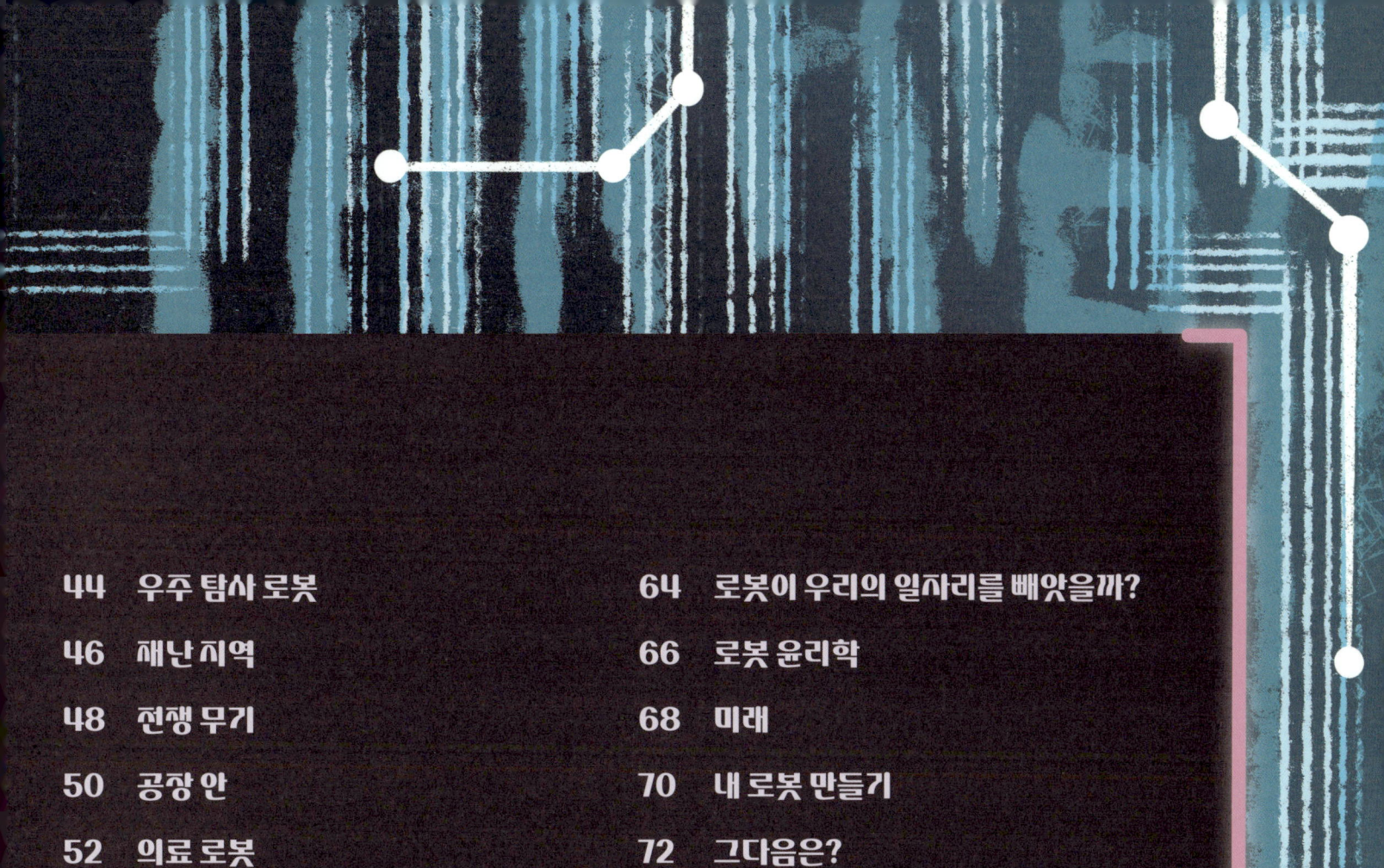

44 우주 탐사 로봇	64 로봇이 우리의 일자리를 빼앗을까?
46 재난 지역	66 로봇 윤리학
48 전쟁 무기	68 미래
50 공장 안	70 내 로봇 만들기
52 의료 로봇	72 그다음은?
54 배달 로봇	74 여러분의 세상!
56 즐거운 우리 집	76 용어 설명
58 무엇을 도와드릴까요?	78 찾아보기
60 달라진 삶	
62 사실일까, 상상일까?	

미래 세계에 온 것을 환영해요!

여러분은 로봇이 무엇으로 이루어지는지 궁금한 적이 있나요? 로봇이 어떻게 '생각'하고, 어떤 일을 할 수 있는지도요. 그렇다면 딱 맞는 책을 찾았어요! 우리는 로봇 학자들이 로봇을 어떻게 설계하고 활용하는지 하나하나 살펴볼 거예요.

먼저, 옛날 사람들은 로봇을 어떤 존재라고 여겼을까요? 역사 속에서 로봇의 개념이 어떻게 발전해 왔는지 알아봐요. 이어서 로봇의 '두뇌'와 인공 지능의 역할을 이야기하고, 로봇이 세상을 인식하고 주변과 소통하는 방식을 들여다보지요. 그런 다음 로봇의 몸을 구성하는 요소와 이동 방식, 작동 원리를 차근차근 배울 거예요. 로봇의 두뇌와 몸을 이해한 뒤에는 수중 탐사에서 우주 탐사에 이르기까지 로봇이 할 수 있는 다양한 일들을 알 수 있어요. 마지막으로, 사회에서 로봇이 수행하는 역할과 로봇이 우리의 삶을 얼마나 더 편리하게 만드는지를 살펴보기로 해요.

내 이름은 헤니 애드모니. 로봇 공학 교수예요. 최고의 직업이지요! 하지만 처음부터 로봇을 잘 알았던 건 아니에요. 열심히 공부해서 이 자리까지 온 것이지요. 여러분도 이 책을 읽으며 로봇에 대해 더 많이 알아 가 보아요.
재미있게 읽기를 바라요!

헤니 애드모니

로봇의 역사

사람들은 아주 오래전부터 로봇을 꿈꿔 왔어요. 최초의 로봇은 물이나 공기를 이용해 움직이는 기계 장치였죠. 전기를 발견하기 전이었으니까요! 당시 로봇의 지능은 그리 높지 않아서 사람이 시키는 대로 아주 단순한 일만 할 수 있었어요. 반면 지금의 로봇은 옛날보다 훨씬 더 발전했고, 인공 지능을 활용해 온갖 놀라운 일을 해낼 수 있지요.

메커니컬 터크

기원전 400년 - 초기 로봇

수천 년 전, 증기와 추를 이용해 움직이는 기계를 만들겠다는 꿈을 가진 발명가들이 있었어요. 그중 고대 그리스 타렌툼 지역에 살던 아르키타스는 나무로 된 날 수 있는 비둘기 로봇을 만들었다고 해요. 또 몇몇 신전에는 말하는 커다란 로봇 조각상이 있어 사람들에게 경외심을 불러일으켰대요.

50년 - 놀라운 인형

'알렉산드로스의 영웅'으로 불린 고대 그리스의 발명가 헤론은 초기 로봇의 설계도를 책으로 썼어요. 헤론은 줄, 도르래, 지렛대로 이루어진 복잡한 장치로 거의 10분 동안 움직이는 인형 극장 같은 발명품들을 선보였어요.

1921년 - 로봇 연극

'로봇'이라는 단어는 카렐 차페크가 연극을 위해 쓴 희곡 『R.U.R.』에서 처음 나왔어요. R.U.R.은 '로숨의 만능 로봇'의 줄임말로, '강제 노동'을 뜻하는 체코어 '로보타'에서 유래했어요.

이 연극에서는 공장에서 노예처럼 일하던 로봇들이 사람들에게 **반란**을 일으켜요.

1927년 - 큰 화면

<메트로폴리스>는 로봇이 등장하는 최초의 영화예요. 이 흑백의 무성 영화는 많은 노동자가 힘겹게 살아가는 미래 세상을 배경으로 해요. 마리아라는 젊은 여성의 모습을 한 로봇이 노동자들을 이끌어 혁명을 일으키지요.

1950~1960년대 - 지능을 갖춘 로봇

1950년대에 '유니메이트'라는 최초의 산업용 로봇이 나왔어요. 주로 공장에서 자동차를 만드는 데 쓰였지만, 프로그램을 바꾸면 골프공을 치는 등 여러 가지 일을 할 수 있었어요! 1966년에는 지능을 갖춘 최초의 로봇 '셰이키'가 발명되었어요. 셰이키는 TV 카메라로 주변을 살피고, 음파 탐지기로 소리를 듣고는 자신이 어디에 있는지 알아냈어요.

1770년 - 체스 달인?

유럽에서 '메커니컬 터크'라는 체스를 아주 잘 두는 로봇이 등장했어요. 주인은 로봇을 데리고 이곳저곳 돌아다니며 시연회를 열었지요. 하지만 이 로봇은 사실 가짜였어요! 사람이 로봇의 아랫부분에 몰래 숨어 조종하고 있었던 거예요. 인공 지능이 실제 체스 경기에서 사람을 이긴 것은 그로부터 200년이 지난 뒤였어요.

1997년 - 태양계 탐사

'소저너'는 다른 행성을 탐사한 최초의 로봇이에요. 이 탐사 로봇은 화성에 착륙해 화성 표면을 측정하고 이런저런 사진을 찍었어요. 그리고 그 자료를 지구로 송신했지요. 소저너는 원래 7일 동안 작동하도록 설계되었지만, 놀랍게도 메마른 행성에서 83일 동안이나 움직였어요.

하드웨어와 소프트웨어

로봇은 일반적으로 하드웨어와 소프트웨어로 이루어져 있어요.
하드웨어는 바퀴, 카메라, 배터리처럼 우리가 물리적으로 만질 수 있는 부위이고,
소프트웨어는 로봇이 생각하고 행동을 계획하는 데 사용하는 컴퓨터 코드예요.
로봇이 어떻게 작동하는지 자세히 살펴보기 전에 하드웨어와 소프트웨어를 알아볼까요?

마이크로컨트롤러
로봇의 두뇌 역할을 하는 회로 판이에요. 소프트웨어가 담긴 컴퓨터 칩도 여기에 포함되지요.

감지기(센서)
로봇이 주변을 인식하려면 감지기가 필요해요. 우리 몸의 감각 기관 같은 역할을 해요.

하드웨어
하드웨어는 여러 가지 부품으로 이루어져요. 부품마다 맡은 일도 다르죠. 로봇을 움직이는 데 쓰이는 부품도 있고, 주변을 보는 데 쓰이는 부품도 있어요. 하드웨어에 따라 로봇의 크기와 모양은 달라져요.

뼈대
로봇의 몸으로, 부품들이 로봇에 잘 붙도록 뼈대 역할을 해요.

전선
전기 부품은 전선을 통해 마이크로컨트롤러와 연결돼요. 전선은 동력과 데이터를 전달해요.

바퀴
바퀴는 로봇에 널리 쓰여요. 바퀴가 크면 울퉁불퉁한 곳에서도 잘 움직이지만, 그만큼 큰 동력이 필요해요.

동력
로봇은 배터리나 콘센트에서 나오는 전기로 움직여요.

구동기(액추에이터)
로봇이 움직이는 데 필요한 부품으로, 로봇의 근육이라고 할 수 있어요.

소프트웨어

소프트웨어는 로봇을 움직이는 명령문을 담은 프로그램이에요. 로봇이 생각하고 움직이려면 반드시 필요하지요. 소프트웨어가 없다면 로봇은 빈껍데기와 다름없어요! 로봇의 탄생은 소프트웨어가 잘 작동하는지에 달려 있어요.

로봇을 만들 때는 최신 기술들이 쓰여요!

로봇의 소프트웨어는 컴퓨터 프로그래머가 특수한 언어로 작성해요. 로봇에 많이 쓰이는 프로그래밍 언어로는 파이썬, C++, 자바 등이 있어요. 컴퓨터 프로그램은 마치 요리법처럼 로봇에게 특정한 목표를 달성하려면 무엇을 해야 하는지 안내해 주지요.

소프트웨어는 하드웨어에게 '무엇'을 하라고 명령해요. 예를 들어, '상자를 집어라' 라는 소프트웨어 명령은 '이 모터를 30도 돌려라'나 '집게를 오므려라'와 같은 하드웨어를 움직이는 말로 바뀌어요. 로봇이 소프트웨어의 명령을 따랐더니, 짠! 상자를 집었어요.

로봇이란 무엇일까?

기계와 로봇의 차이는 무엇일까요? 빵을 굽는 토스터는 로봇일까요? 헤어드라이어는요? 로봇은 자기 주변을 감지하고, 그 정보를 토대로 무엇을 할지 계획을 세워 실행할 수 있는 기계예요. 이 순서를 '감지-계획-실행 주기'라고 해요. 한 번 실행을 마친 로봇은 이전과 무엇이 달라졌는지 감지한 다음, 다시 계획을 세우고 실행하지요. 목표를 달성할 때까지 이 주기를 반복해요!

1단계: 감지

로봇은 감지기를 사용해서 주변에 무엇이 있는지 알아내요. 눈 역할을 하는 카메라, 귀 역할을 하는 마이크, 접촉을 알아차리는 촉각 감지기 등을 써서 말이에요.

2단계: 계획

계획을 세울 때, 로봇은 자신이 감지한 것들과 목표 그리고 목표를 방해할 수 있는 장애물을 모두 생각해요. 그런 뒤, 목표를 이루기 위해 어떻게 해야 할지 판단하지요. 폴짝 뛰어야 할까? 얼마나 높이? 어느 방향으로?

3단계: 실행

이제 뛸 시간이에요. 어떻게 움직일지는 로봇마다 달라요. 어떤 로봇은 그림처럼 징검다리를 폴짝폴짝 뛰어넘을 수 있고, 또 어떤 로봇은 많은 행동을 하는 대신 말을 하거나 표정을 짓기도 해요. 만약 로봇이 이동을 하면 주변 환경도 바뀌어요. 그럼 로봇은 다시 1단계로 돌아가서 감지-계획-실행 주기를 반복해요.

로봇의 몸

'로봇'과 '인공 지능'은 같은 걸까요? 인공 지능을 갖춘 로봇은 같은 의미처럼 쓰이기도 해요. 하지만 둘은 다르답니다! 로봇은 인공 지능을 사용할 때가 많지만 꼭 인공 지능이 있어야 로봇인 건 아니에요. 인터넷 챗봇이나 게임 속 캐릭터들도 인공 지능을 사용하지만 그건 화면 안에서만 움직여요. 반면에 로봇은 달리거나 뛰어오르기도 하고 바닥에 떨어진 빨래를 주울 수도 있어요. 이처럼 로봇은 진짜 세상에서 움직일 수 있는 물리적인 몸을 가지고 있다는 점에서 컴퓨터 속에만 존재하는 인공 지능 기기와 달라요.

초현실 로봇
나와 닮은 쌍둥이 로봇이 있다면 어떤 기분일까요? 로봇은 사람이나 동물의 모습을 따라 만들 수 있어요. 사람처럼 생긴 몸을 가진 로봇을 '휴머노이드', 즉 인간형 로봇이라고 하고, 실제 사람과 착각할 정도로 닮은 로봇을 '안드로이드'라고 해요.

돌아다니는 로봇

몸을 가진 로봇은 이동하며 주변 환경을 바꿀 수 있어요. 물건을 집어 이쪽에서 저쪽으로 옮기는 것처럼요. 또 스스로 움직일 수 있어서 사람이 놓아둔 자리에만 가만히 있지 않아요!

춤추는 로봇
로봇은 춤도 출 수 있어요! 하지만 박자에 맞춰 춤추는 로봇을 만드는 일은 쉽지 않아요. 로봇의 모든 신체 부위가 조화롭게 움직여야 하거든요.

로봇 학자들이 로봇에게 3분짜리 춤을 가르치는 데 1년 반이 걸렸어요.

인공 지능의 가능성

인공 지능은 오늘날 많은 기술에 쓰이고 있어요. 특히 로봇에게 인공 지능을 제공하면 정말 놀라운 일들이 펼쳐져요. 휴대 전화의 챗봇과 말할 수 있는 로봇을 비교해 볼까요? 둘 다 인공 지능을 사용해 듣고 말할 수 있지만, 로봇은 사람의 말을 더 잘 듣기 위해 가까이 다가갈 수 있고, 몸짓으로 말을 더 명확하게 표현할 수 있어요!

알렉사, 춤을 춰 봐!
아마존의 알렉사 같은 인공 지능 비서는 말도 하고 들을 수 있지만, 몸이 없어 움직이지 못해요. 여기서 문제 하나! 스마트 스피커는 로봇일까요?

좀 더 크게 말해 줄래?

인공 지능이란 무엇일까?

인공 지능(AI)은 기계가 사람처럼 스스로 생각할 수 있는 능력이에요. 인공 지능에는 여러 종류가 있고 기계가 무슨 일을 하느냐에 따라 다르게 작동해요. 어떤 인공 지능은 주변 환경을 인식하거나 사람의 말을 알아듣기도 하지요. 기계 학습은 기계가 스스로 새로운 기술을 배운다는 뜻인데, 실제로는 그런 능력을 지닌 인공 지능 자체를 가리켜요!

원격 조종
로봇을 완전히 원격으로 조종한다면, 로봇에게는 자율성이 전혀 없어요. 사람의 조종으로만 움직이지요.

반자율
로봇이 사람의 조종을 받아 목적지로 향할 때, 스스로 장애물을 피할 수 있다면 어느 정도 자율성을 가진 거예요.

완전 자율
로봇이 스스로 목적지를 정하고 그 길을 혼자서 갈 수 있다면, 완전 자율 주행이에요!

누가 조종할까?
로봇이 사람의 조종 없이 자율적으로 움직이려면 인공 지능이 필요해요. 로봇의 자율성은 전혀 자율적이지 않은 것부터 완전히 자율적인 것까지 다양해요. 상상해 봐요. 로봇들이 각기 다른 수준의 자율성을 가지고 돌아다닌다면, 각 로봇은 어떻게 행동할까요?

'인공 지능'이라는 용어는 1956년에 처음 만들어졌어요.

너 뭐 한 거야?

인공 지능은 '컴퓨터 프로그래머'나 '코더'라고 불리는 사람들이 만들어요. 하지만 인공 지능은 매우 복잡해서 만든 사람조차 어떻게 작동하는지 정확히 알기 어려울 때가 있어요. 프로그램에 입력한 자료와 출력된 결과는 볼 수 있지만, 그 안에서 무슨 일이 일어나는지는 알 수 없기 때문이에요. 이런 복잡한 인공 지능 프로그램을 '블랙박스'라고 해요. 마치 안이 보이지 않는 검은 상자와 같지요. 인공 지능이 자신의 행동을 잘 설명할 수 있다면 더욱 좋겠죠? 그래서 프로그래머들은 블랙박스 인공 지능의 작동 방식을 이해하려고 노력하고 있어요!

뛰어난 청각

로봇은 마이크를 통해 사람이 들을 수 있는 소리는 물론, 듣지 못하는 아주 높거나 낮은 소리도 들을 수 있어요. 어떤 로봇은 이 소리를 이용해 주변을 파악할 수 있지요. 소리를 내보내고 물체에 부딪혀 돌아오는 소리를 들으면서 주변을 인식하는 방법이지요. 박쥐가 밤에 비행할 때 쓰는 기술과 비슷해요!

예민한 촉각

로봇은 촉각 감지기로 접촉, 압력, 진동을 느낄 수 있어요. 휴대 전화의 터치스크린처럼 작동하는 감지기도 있어요.

넘어지지 않는 균형감

로봇은 자이로스코프, 가속도계, 자기계와 같은 감지기를 써서 균형을 잡아요. 감지기는 로봇에게 어느 방향으로, 얼마나 빨리 가고 있는지를 알려 줘요. 로봇은 이 정보를 바탕으로 자세를 바로잡지요. 언덕에서 몸을 앞으로 기울이는 식으로요.

주위를 잘 살펴!

우리는 눈과 귀 같은 감각 기관으로 소리, 빛, 냄새, 촉감을 느껴요. 로봇도 비슷한 방법으로 주변 환경을 인식해요. 로봇은 감지기를 이용해 주변 환경을 지각하는데, 그중 일부는 우리가 눈과 귀로 느끼는 감각과 유사해요. 또 자기장처럼 사람은 알아차릴 수 없는 것들을 감지하는 로봇도 있어요.

작은 카메라로 살피는 중이에요!

로봇은 카메라로 세상을 봐요. 사람이 보는 색깔들뿐 아니라, 적외선과 같이 보이지 않는 빛도 볼 수 있지요. 레이저를 쏘아 물체와의 거리를 측정하기도 해요. 이처럼 로봇은 여러 감지기가 생성한 데이터를 통해 주변에 무엇이 있는지 알아내요.

레이저 거리 측정기

알아낸 대상들

영리한 기계들

사람은 자라면서 끊임없이 정보를 모으고 새로운 기술을 배워요. 로봇도 마찬가지예요! 그렇다면 로봇이 알아야 할 모든 것을 하나하나 사람이 프로그램으로 입력하는 것이 좋을까요? 아니면 로봇이 스스로 경험을 통해 배우게 하는 것이 더 좋을까요? 스스로 배우는 인공 지능을 '기계 학습'이라고 해요. 기계 학습의 방법을 몇 가지 살펴볼까요?

지도 학습

로봇에게 여러 사례를 보여 주며 무엇을 배워야 할지 알려 주는 방법이에요. 로봇에게 케이크가 무엇인지 가르치고 싶다면, 케이크 사진을 많이 보여 주는 거예요.

비지도 학습

로봇에게 무엇을 배워야 하는지 직접 알려 주지 않는 방법이에요. 대신, 로봇은 다양한 사례를 보고 스스로 패턴을 익혀요. 여러 과일을 본 로봇은 신선한 과일과 썩은 과일을 점점 구별할 수 있게 되지만, 어느 쪽 과일을 먹어도 되는지는 알지 못해요.

강화 학습

긍정적 되먹임과 부정적 되먹임을 통해 학습하는 거예요. 되먹임은 '피드백'이라고도 해요. 이 방법은 주로 로봇에게 몸 쓰는 기술을 가르칠 때 사용돼요. 예를 들어, 로봇이 넥타이를 잘 매면 "잘했어!"라고 칭찬하고, 틀리면 "안 좋아!"라고 알려 주는 거예요. 이 과정을 반복하면서 로봇은 점점 더 능숙해져요.

현재 로봇

최근에는 기계 학습 중에서도 심층 학습이 널리 쓰이고 있어요. 세계 최고의 학습자들이 어떻게 배우는지를 보고 영감을 얻은 방법이에요. 맞아요, 바로 사람이지요! 우리가 신경망으로 이루어진 뇌를 통해 많은 데이터를 조합하고 새로운 정보를 학습하는 것처럼 로봇도 신경망을 활용해 배우도록 하는 거예요. 주로 언어와 같은 복잡한 개념을 배우는 데 유용해요.

시연 학습

사람이 어떻게 하는지를 보고 배우는 방법이에요. 옆을 보세요! 골프채를 휘두르는 사람의 모습을 보고 로봇이 따라 하면서 배우는 중이네요!

수다를 떨어 볼까?

의사소통 능력은 로봇에게도 매우 중요해요. 로봇이 사람과 함께 일하거나, 자신의 생각과 감정을 표현하려면 의사소통을 잘할 수 있어야 하지요. 의사소통은 말과 같은 언어로 할 수도 있고, 몸짓 같은 비언어로 할 수도 있어요. 또, 로봇은 사람이 할 수 없는 방식으로도 소통할 수 있어요. 어떻게 할까요?

회전목마 타고 싶니?

아니.
난 여기 있는 게임들을 하고 싶어.
경품을 받고 싶거든!

좋아. 같이 해 보자!
내가 도와줄게!
(찡긋 찡긋)

하지만 속임수는 안 돼!
정정당당하게 이길래.
그렇게 해 줄 거지?

언어 의사소통

로봇은 '자연어 처리'라는 기술을 써서 한국어와 같은 언어를 이해할 수 있어요. 자연어 처리는 두 가지 능력으로 나뉘어요. 바로 듣기와 말하기예요. 듣기는 로봇이 들은 소리를 의미 있는 단어로 바꾸는 능력이고, 말하기는 생각을 단어로 바꾸어 소리로 전달하는 능력이에요.

비언어 의사소통

로봇은 쳐다보기, 손 흔들기, 표정 짓기처럼 말이 아닌 행동으로도 의사를 전달할 수 있어요. 사람처럼요! 누군가 내 쪽으로 몸을 숙이며 눈을 맞추면, 그 사람은 내 말에 귀 기울이고 있다는 것을 몸짓으로 알리는 거예요. 로봇도 할 수 있어요! 범퍼카를 타고 있는 로봇의 표정과 몸짓을 봐요. 어때 보이나요?

다채롭게 감정을 표현하는 로봇도 있어요.

특수한 기술

로봇에게는 다양한 의사소통 도구가 있어요. 화면이나 색깔, 불빛을 이용해 사람과는 다른 방식으로 감정을 표현할 수 있지요. 로봇은 화가 났을 때 어떤 색깔의 불빛을 낼까요? 행복한 기분은 어떤 색으로 표현할까요?

로봇 선생님

혼자서 일하는 로봇도 많지만 사람을 돕고 가르치는 로봇도 있어요. 이처럼 사람과 상호 작용하는 로봇을 '사회적 로봇' 또는 '소셜 로봇'이라고 해요. 이 로봇은 사람과 대화하고 교감하며 즐겁게 어울리기 위해 언어와 비언어적 의사소통 능력을 모두 갖추어야 해요! 좋은 친구가 되려면 다른 사람의 생각과 감정을 알아차릴 수 있어야 하니까요.

저는 훌륭한 상담가예요. 사람을 함부로 판단하지 않고, 언제든지 이야기를 들어 줄 수 있지요!

따라 하세요!

운동할 때 도움을 받으면 좋겠죠? 사회적 로봇은 사람들에게 운동 동작의 시범을 보이고, 따라 하도록 격려해요. 나이가 많은 어른들이나 부상에서 회복 중인 사람들에게 안성맞춤이에요.

우정

사람과 로봇이 친구가 되는 날이 올까요? 지금도 로봇은 우리와 함께 이야기를 나누고, 영화를 보고, 산책을 하는 등 친구끼리 하는 일들을 어느 정도 할 수 있어요. 하지만 사람처럼 진심으로 우정을 나눌 수 있을까요?

학습과 놀이

사회적 로봇은 아이들을 위한 일도 할 수 있어요! 수학이나 새로운 언어를 배우는 데 도움을 줄 수 있고, 놀이 친구가 되어 재미있는 동영상을 보여 주거나 자장가를 불러 줄 수도 있어요.

누가 더 힘이 셀까?

로봇과 팔씨름해서 이길 수 있을 것 같다고요? 아마 힘들 거예요! 로봇의 팔이 무거울수록 구동기도 커지고, 에너지도 더 많이 들어가 힘이 세지거든요.

굴착기는 선형 구동기를 써서 팔을 구부리고 펴요.

당기고 돌리기

선형 구동기는 늘어나거나 수축하면서 밀고 당기는 운동을 일으켜요. 회전 구동기는 중심축을 기준으로 돌면서 회전 운동을 일으키지요. 이 구동기들은 로봇의 바퀴나 집게 같은 부품을 움직여요.

원격 조종 차량은 회전 구동기로 바퀴를 돌려서 움직여요.

강철 근육

로봇이 우리와 아주 다르다고 생각하나요? 실제로는 더 비슷할지 몰라요!
사람은 근육을 써서 달리고, 뛰고, 팔을 뻗을 수 있어요. 근육은 몸을 구부리거나 펴는 역할을 하죠.
로봇은 근육 대신 구동기를 쓸 뿐이에요. 구동기는 에너지를 운동으로 바꾸는 장치예요.
우리의 팔꿈치가 근육을 통해 구부리고 펴는 운동을 할 수 있는 것처럼 로봇 팔도 구동기가
두 부분을 연결해 비슷한 움직임을 일으켜요.

충전

우리는 음식을 먹어 에너지를 얻어요. 로봇은 어떨까요? 로봇이 에너지를 얻는 방법에는 여러 가지가 있어요. 작은 구동기는 주로 전기에서 얻고, 큰 구동기는 석유 같은 화석 연료에서 얻지요.

작은 로봇은 콘센트에 전선을 연결해 배터리를 충전해요. 더 큰 동력이 필요한 로봇은 전선이 항상 연결된 상태로 있지요. 무선 충전하는 로봇도 있어요!

태양 전지를 써서 스스로 충전하는 로봇도 있어요.

지구 구하기

로봇은 환경을 보호하는 데에도 큰 도움이 돼요. 인간 활동으로 발생한 기후 위기는 생태계에 큰 영향을 미쳤고, 가뭄과 홍수 같은 자연재해를 일으키기도 해요. 로봇은 생태계의 변화를 감시하며, 문제가 더 커지기 전에 사람들에게 경고할 수 있어요. 또한, 산불처럼 위험한 상황에 대처할 수도 있지요.

대비하기

로봇은 환경에 이상이 감지되었을 때 빠르게 알릴 수 있어요. 항공 로봇은 강의 오염 상태를 측정하거나, 우림에서 동식물의 변화를 추적해요.

소방 로봇

산불은 빠르게 번져 엄청나게 커질 수 있어요. 그럼 소방관들이 불을 끄기 어려워지지요. 이때 소방 로봇은 불에 물이나 소화액을 뿌리고, 소방관들이 지나갈 수 있도록 길을 만들거나 무거운 장비를 운반하면서 소방관을 도울 수 있어요.

생태 친화적인 로봇을 '녹색 로봇' 이라고도 해요.

재활용

재활용 시설에서는 종이, 플라스틱, 금속, 유리를 사람의 손으로 분류하는 경우가 많아요. 재활용 로봇은 이 일을 사람보다 더 빠르게 할 수 있고, 냄새가 심해도 끄떡없죠!

꽉 잡아!

로봇은 집게로 물건을 쥐거나 잡아요. 집게는 크기와 모양이 다양하고 하는 일이 저마다 다르지요. 많은 집게에 사람 손가락처럼 생긴 부품이 달려 있지만, 여러분 손의 손가락만큼 아직 유연하게 움직이지는 못해요!

물건을 움켜쥘 때는 손가락이 2개보다 3개일 때 더 편해요.

다재다능

로봇이 학교에 간다면 먼저 조작하는 법을 배워야 해요. 조작은 물체를 움직이고 옮기는 능력을 말해요. 로봇은 보통 사람의 손 역할을 하는 집게를 써서 물건을 집어요. 이 핵심 기술에 익숙해지면 로봇은 집 청소를 하거나 장난감을 가져다주는 등 여러 가지 일을 할 수 있어요!

부드러운 집게도 있어요. 신축성 있는 재료 안에 공기, 액체, 모래처럼 모양을 바꿀 수 있는 물질들을 채워 넣어요.

평행 집게
손가락이 2개인 집게예요. 양쪽으로 눌러서 물건을 집지요.

장난감을 집어서 가져다주는 로봇이 있다고 상상해 봐요!

밀고 당기기

로봇은 집게로 물건을 쥘 수 있을 뿐 아니라, 밀거나 당겨서 물건을 미끄러뜨리고, 기울이고, 굴릴 수 있어요. 동물들도 비슷한 방법으로 물건을 다뤄요. 사람처럼 유연한 손을 가진 동물은 많지 않거든요.

한 손으로

우리는 한 손에 루빅큐브를 올려놓고 손가락으로 돌리고 뒤집을 수 있어요. 하지만 움직임이 한정된 로봇에게는 아직 어려운 일이에요.

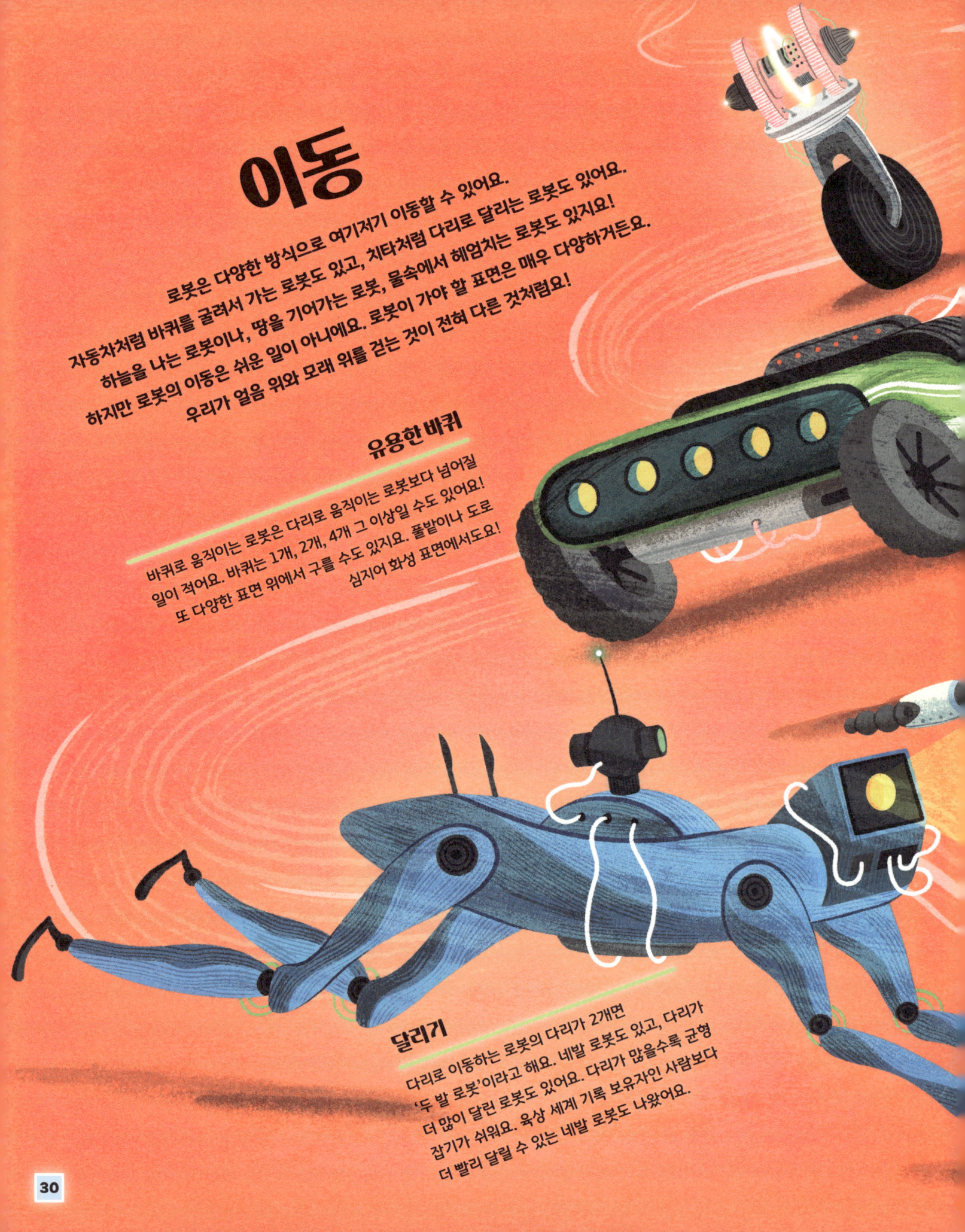

이동

로봇은 다양한 방식으로 여기저기 이동할 수 있어요. 자동차처럼 바퀴를 굴려서 가는 로봇도 있고, 치타처럼 다리로 달리는 로봇도 있지요! 하늘을 나는 로봇이나, 땅을 기어가는 로봇, 물속에서 헤엄치는 로봇도 있지요! 하지만 로봇의 이동은 쉬운 일이 아니에요. 로봇이 가야 할 표면은 매우 다양하거든요. 우리가 얼음 위와 모래 위를 걷는 것이 전혀 다른 것처럼요!

유용한 바퀴

바퀴로 움직이는 로봇은 다리로 움직이는 로봇보다 넘어질 일이 적어요. 바퀴는 1개, 2개, 4개 그 이상일 수도 있지요. 또 다양한 표면 위에서 구를 수도 있지요. 풀밭이나 도로 심지어 화성 표면에서도요!

달리기

다리로 이동하는 로봇의 다리가 2개면 '두 발 로봇'이라고 해요. 네발 로봇도 있어요. 다리가 더 많이 달린 로봇도 있어요. 다리가 많을수록 균형 잡기가 쉬워요. 육상 세계 기록 보유자인 사람보다 더 빨리 달릴 수 있는 네발 로봇도 나왔어요.

저건 새일까?

비행 로봇은 '드론' 또는 '항공 로봇'으로 불려요. 새와는 달리 대부분 회전하는 프로펠러를 써서 날아요. 마치 헬리콥터처럼요.

동물 모방

로봇 학자는 자연에서 영감을 얻기도 해요. 뱀처럼 긴 몸을 이리저리 꿈틀거리며 움직이는 로봇도 있고, 잠수함처럼 프로펠러를 돌려서 나아가거나, 물고기처럼 몸을 좌우로 구부리면서 헤엄치는 로봇도 있어요.

스마트 농장

밭에서 잡초를 없애는 일은 무척 번거로워요. 텃밭을 가꾸는 사람이라면 누구나 잘 알 거예요! 잡초를 빨리 뽑는 로봇이 있다면 농약을 덜 뿌려도 되겠죠?

농업 로봇

우리가 먹는 식량을 재배하는 일은 절대 쉽지 않아요. 숙련된 농부들이 밭에서 힘들게 일하면서 많은 노력을 기울여야 하죠. 그래서 로봇 학자들은 농사일을 도와줄 똑똑한 로봇을 만들고 있어요! 농업 로봇은 고추, 포도, 상추, 사과와 같은 작물을 키우는 데 도움이 돼요. 밭에서 잡초를 뽑고 작물이 잘 자라는지 관리하거나 다 익은 열매를 수확하는 등 시간이 오래 걸리고 힘든 일을 할 수 있지요.

작물 관리

밭을 지켜보는 눈이나 카메라가 많아지면 농부들에게 큰 도움이 되겠죠? 작물이 잘 자라는지, 해충이나 질병이 생기지는 않았는지 빨리 알 수 있으니까요. 항공 로봇은 넓은 밭을 빠르게 돌아볼 수 있고, 지상 로봇은 작물을 가까이에서 자세히 살필 수 있어요.

수확할 준비

수확은 힘들고 시간이 오래 걸리는 일이라 수확 로봇이 개발되면 좋아요. 수확 로봇은 과일과 채소가 다 익었는지 확인하고, 상처가 나지 않게 조심스럽게 따거나 캘 수 있어요.
앗, 그런데 이 로봇은 오른쪽의 토마토는 아직 딸 때가 아니라고 생각하나 봐요!

협동 작업

여러 로봇이 함께 일해야 한다고요? 그럴 땐 '다중 로봇 시스템'을 쓰세요! 로봇 한 대만으로는 할 수 없는 일들을 하지요. 특히 탐사나 구조 임무에 아주 적합해요. 여러 로봇이 협력하면 넓은 면적도 빠르게 살필 수 있어요. 그 과정에서 몇 대의 로봇이 망가져도 괜찮아요. 다른 로봇들이 남은 일을 잘 해낼 거예요!

모두 모여!

다중 로봇 시스템의 로봇들을 모두 한곳에서 제어하는 것을 '중앙 집중형 시스템'이라고 해요. 하나의 커다란 두뇌가 모든 로봇에게 무엇을 해야 할지 알려 주는 거예요. 이 시스템은 로봇들의 움직임을 잘 조율해 충돌을 피하고 복잡한 대형을 만들 수 있어요. 멋진 드론 조명 쇼를 본 적이 있나요? 바로 그게, 중앙 집중형 다중 로봇 시스템이에요!

조명 쇼에는 드론이 쓰여요.

군집 로봇

중앙에서 제어하지 않는 다중 로봇 시스템도 있어요. '군집 제어'라는 분산형 시스템에서는 각 로봇이 가장 가까운 로봇들과만 통신해요. 더 멀리 있는 로봇들은 제외하고요. 이런 군집 로봇은 새 떼나 물고기 떼처럼 행동해요.

군집 로봇은 자신에게 주어진 작은 일만 인식하지만, 전체적으로는 마치 하나의 생각에 따라 조화롭게 움직이는 것처럼 보여요!

부드럽고

안전제일
소프트 로봇은 기존 로봇보다 더 안전해요. 사람을 다치게 하거나 환경에 피해를 줄 수 있는 딱딱한 부위가 없기 때문이지요. 달걀처럼 깨지기 쉬운 물건도 부드럽게 다룰 수 있고, 반려동물에게도 안전해요!

움직이는 중
소프트 로봇은 기존 로봇과 달리 모터가 없어요. 그럼 어떻게 움직일까요? 일부 로봇은 풍선처럼 공기를 채우는 부위가 있어요. 오른쪽에 있는 집게에 공기가 들어가면 손가락이 부풀어 오르면서 달걀을 부드럽게 감싸는 거예요.

딱딱한 로봇

여러분에게 로봇을 그려 보라고 하면, 아마 반들거리는 금속 기계를 떠올릴 거예요. 하지만 모든 로봇이 금속이나 플라스틱 같은 딱딱한 물질로 이루어진 건 아니에요. 유연하고 신축성 있는 물질로 만들어져서 모양을 바꿀 수 있는 로봇도 있어요! 풍선을 손으로 누르면 모양이 바뀌죠? 소프트 로봇도 자신의 부위를 이쪽저쪽으로 늘리거나 줄여 가며 물건을 집고 돌아다닐 수 있어요.

하드 로봇은 소프트 로봇만큼 부드럽지는 않지만, 힘이 더 세요.

동물을 모방한 로봇

로봇 학자들은 새로운 로봇을 구상할 때, 자연에서 영감을 얻기도 해요. 동물이 달리고, 날고, 기고, 멀리 뛰는 모습을 보며 로봇이 따라 할 수 있는 방법을 떠올리지요. 비록 로봇이 동물을 완벽하게 흉내 내지는 못하지만, 로봇 학자에게는 좋은 출발점이 돼요.

멀리뛰기

메뚜기, 벼룩, 귀뚜라미는 자기 몸길이의 몇 배나 멀리 뛸 수 있어요. 로봇 학자는 이런 곤충들을 모방해 다리를 빠르게 움직일 수 있는 작고 가벼운 로봇을 만들려고 해요!

윙윙

로봇 벌은 작고 가벼운 특수한 물질로 만들어요. 그리고 1초에 100번 날갯짓하는 벌을 흉내 내기 위해 아주 빠른 구동기를 사용하지요. 로봇 벌이 진짜 벌처럼 꽃가루를 옮길 수 있을까요?

흔들거리는 꼬리

원숭이, 고양이, 다람쥐의 꼬리는 달리거나 뛸 때, 방향을 바꾸고 균형을 잡는 데 도움을 줘요. 로봇 학자는 로봇도 같은 목적으로 꼬리를 사용할 수 있을지 연구하고 있어요. 필요한 순간에 딱 맞는 힘을 내는 유연한 꼬리를 만드는 거죠.

동물 로봇은 과학자들이 진짜 동물을 더 잘 이해하도록 도와요.

경주 시작

치타는 세계에서 가장 빠른 육상 동물이에요. 자, 어떻게 달리는지 보세요! 이 로봇은 치타가 다리를 써서 몸을 앞으로 밀어내며 달리는 방식에서 착안했어요. 다리로 움직이는 로봇 중 가장 빠른 축에 속하죠!

힘들고, 더럽고, 위험한 일

로봇에게 어떤 일을 시켜야 할지 물으면 사람들은 대부분 '삼디(3D)' 업종을 떠올려요. 삼디(3D)는 힘들고, 더럽고, 위험한 일을 뜻해요. 만약 로봇이 이 일들을 대신한다면 사람들은 더 흥미롭고 안전한 일을 찾을 수 있을 거예요. 그렇다면 로봇이 맡을 수 있는 일에는 어떤 것들이 있을까요?

놀라운 도우미

로봇은 병원에서 더러워진 침구와 의료용품을 옮길 수 있어요. 그러면 의료진은 환자를 돌보는 일에 더 많은 시간을 쓸 수 있지요!

으, 냄새가 지독해!

로봇은 더러운 환경을 탐사하는 데 적합해요. 악취가 풍기는 하수관으로 들어가 손상된 부분을 찾아낼 수 있거든요. 덕분에 사람들은 똥 덩어리가 떠다니는 곳에 직접 들어가지 않고도 안전하게 조사를 할 수 있어요!

조심해!

위험을 무릅쓰고 일하다가는 다칠 수 있어요. 대신 로봇을 보내요! 자동차 공장에서 로봇은 커다란 철판을 용접하는 일을 맡아요. 사람들이 뜨거운 열과 위험한 화학 물질에 노출되는 것을 막아 주죠.

원격 조종

물속을 탐사할 때는 수중 로봇을 자주 사용해요. 수중 로봇은 밧줄로 배와 연결되어, 배 위에 있는 사람이 조종해요. 이를 '수중 원격 조종 차량(ROV)'이라고 해요. 잠수하면서 얻은 동영상이나 데이터를 실시간으로 배로 보내죠. 크기는 책가방만 한 것부터 작은 트럭만 한 것까지 다양해요.

수중 탐사 로봇

수중 로봇을 활용하면 깊은 바닷속도 탐험할 수 있어요. 동식물을 채집하고 해저 지도를 만들 수 있어요. 배와 다리를 조사하고 가라앉은 유물을 찾기도 해요. 아, 보물선도요! 그러려면 높은 압력과 얼어붙을 듯한 차가운 온도, 거센 해류에 잘 견딜 수 있어야 해요.

헤엄치기

몇몇 수중 로봇은 완전 자율 주행이 가능해요. 그래서 밧줄로 연결된 로봇보다 훨씬 더 멀리 갈 수 있지요. 이러한 '자율 수중 차량(AUV)'은 배터리로 움직이므로, 전력 소모를 줄이기 위해 최대한 작고 매끈하게 만들어요.

우주 탐사 로봇

우주 비행사만이 태양계에서 놀라운 발견을 하는 건 아니에요. 우주 탐사 로봇도 많은 일을 하고 있어요! 사람을 우주로 보내는 것보다 로봇을 보내는 편이 비용도 적게 들고, 덜 위험해요. 로봇은 혹독한 환경에서도 잘 작동하고 먹거나 잠을 잘 필요도 없으니까요! 그리고 여러 안전에 대한 걱정도 훨씬 적거든요.

로봇 장치 작동

거대한 로봇 장치는 우주선 바깥에서 화물을 옮기고, 고장 난 부분을 수리하고, 도착하는 우주선을 잡아당겨 우주 정거장에 맞춰 결합해요. 또, 국제 우주 정거장 같은 거대한 구조물을 조립할 수도 있지요. 이런 로봇은 스스로 움직여 일하기도 하고, 우주 비행사가 조종하기도 해요.

태양계 탐사

과학자들은 로봇을 이용해 행성, 달, 소행성을 더 자세히 알아볼 수 있어요. 로봇을 원하는 곳에 가까이 보내거나 아예 착륙시키는 방식으로요. 그리고 로봇이 모은 대기 정보와 사진을 전송받아 분석하지요. 멀리 떨어진 곳에서 보낼 때는 그 정보가 지구에 도착하기까지 하루 이상 걸리기도 해요.

보이저 2호

1977년에 발사된 보이저 2호는 태양계의 외행성들을 지나 지금은 성간 우주에 가 있어요. 아직도 별들 사이를 계속 탐사하고 있지요.

우주 비행사 조수

로봇은 우주선 안에서 우주 비행사의 든든한 조수 역할을 해요. '애스트로비'는 우주 정거장의 약한 중력 속에서 떠다니는 정육면체 모양의 로봇으로, 실험을 촬영하거나 물품을 조사하는 등의 일을 도와요.

휴머노이드

우주 탐사에는 사람의 모습을 한 로봇이 더 나을 때가 있어요. 우주선이 사람의 몸에 맞게 설계되어 있기 때문이죠. 로봇 학자들은 우주 비행사에게 손을 보태 줄 '로보노트'와 '발키리' 같은 휴머노이드 로봇을 만들었어요.

로봇은 **달, 금성, 화성, 목성, 토성**뿐 아니라 다른 행성의 달과 소행성에도 갔어요.

최초의 거주자

'로버'는 다른 행성의 표면을 탐사해요. 그곳에서 사람들이 살 수 있을지 알기 위해 공기와 흙 표본을 채집하지요.

재난 지역

로봇은 건물 붕괴, 화재, 침수, 공장 사고와 같은 위험한 재난 현장에서도 매우 유용해요. 사람이 들어갈 수 없는 곳에서 구조대원의 눈과 귀와 손이 되어 구조를 돕지요. 또 안전하지 않은 곳을 지도로 그려 알리고 잔해를 치우며 생존자에게는 물품을 전달할 수 있어요.

구조대원의 지시에 따라

로봇은 재난 현장에서 큰 도움이 되지만, 사람의 지식과 판단도 여전히 중요해요. 로봇은 구조대원과 계속 소통하며, 언제든 필요한 지시를 받을 수 있어야 해요.

위를 봐
항공 로봇은 재난 현장 위를 날면서 생존자를 찾거나 공기 질을 측정해요. 그리고 사람이 가기 어려운 곳에 의료용품을 떨어뜨려 주기도 해요.

로봇은 원자로 사고, 지진, 산불 현장에서 쓰여 왔어요.

지상에서
재난 현장에서 활동하는 지상 로봇은 울퉁불퉁하고 불안정한 지형에서도 잘 돌아다닐 수 있도록 튼튼한 무한궤도가 달려 있어요. 또, 연기와 잔해를 뚫고 볼 수 있는 특수한 감지기도 갖추고 있지요.

안전한 손
사람을 직접 구조할 수 있는 구조 로봇도 개발 중이에요! 구조 로봇은 사람을 옮길 수 있을 만큼 힘이 세야 하고, 구조되는 사람이 다치지 않도록 부드럽게 움직여야 해요.

전쟁 무기

기술은 좋든 나쁘든 전쟁에서 자주 쓰여요. 로봇도 예외는 아니에요. 어떤 사람들은 로봇을 전쟁에 써도 좋다고 말해요. 병사들을 위험에서 보호해 줄 수 있으니까요. 또 로봇은 감정이나 피로를 느끼지 않아서 사람보다 더 정확하게 움직일 수 있다고 주장해요. 반대로, 로봇이 사람을 너무 쉽게 죽일 수 있고 생명과 죽음을 결정하는 중대한 선택을 로봇에게 맡겨서는 안 된다고 반대하는 사람들도 있어요. 여러분은 어떻게 생각하나요?

드론

사람이 타지 않는 무인 항공 로봇이에요. 드론은 지상에서 사람이 조종해요. 이때 조종사는 멀리 떨어져 있거나 심지어 다른 나라에 있을 수도 있어요! 드론은 전쟁에서 적군의 위치를 파악하는 데 자주 사용돼요. 덕분에 조종사는 위험하게 적군 가까이에 가지 않아도 되지요. 폭탄을 실어서 떨어뜨리는 드론도 있어요. 현대 전쟁에서 많은 논란을 일으키는 로봇이지요.

짐꾼 로봇

군인은 무거운 장비를 지고서 먼 거리를 이동할 때가 많아요. 그래서 군대에서 장비를 운반할 수 있는 로봇을 개발하고 있어요. 보통 네발로 움직이는 머리 없는 말처럼 생겼어요! 이 짐꾼 로봇은 배터리 수명이 길어야 하고, 험한 지형도 쉽게 걸으며 적에게 들키지 않도록 조용히 움직일 수 있어야 해요.

많은 나라에서는 로봇을 전쟁에 사용할 수 있는 상황을 법으로 정해 놓았어요.

폭발물 해체

폭발물 해체는 사람이 하기에 매우 위험한 일이에요. 하지만 폭발물 해체 로봇이 있으면 사람은 안전한 곳에서 로봇을 조종하기만 하면 돼요. 숨겨진 지뢰를 탐색할 때도 로봇이 쓰여요.

접근 금지!

공장 로봇은 사람이 접근하지 못하도록 칸막이 안에서 작업할 때가 많아요. 힘이 굉장히 세고, 빠르게 움직여서 사람이 가까이 가면 다칠 수 있어요.

반복, 반복, 반복

여기 피자를 만드는 로봇처럼 많은 로봇이 조립 라인에서 일해요. 피곤해하지 않으면서 똑같은 일을 정확하게 반복할 수 있기 때문이에요. 하지만 대부분은 프로그램에 적힌 일만 반복할 뿐이지요. 예기치 않은 일이 생기면 제대로 대응하지 못할 때가 많아요. 이런 점은 사람과 다르죠?

무거운 짐 옮기기

로봇은 창고에서 물건을 옮기는 데 중요하게 쓰이고 있어요. 짐이 쌓인 무거운 깔판도 쉽게 들어 옮길 수 있지요. 사람이 하다가는 다칠 수도 있는 일이에요. 또 사람에게 물품을 배달하는 일도 잘해요. 현재 많은 창고에서 똑똑한 로봇들이 협력해 물품을 옮기고 있어요.

공장 안

로봇은 공장과 창고에서 널리 쓰이고 있어요. 작업 속도와 생산성을 높이는 데 기여하지요. 이러한 곳에서는 똑같은 일을 빠르게 반복해야 하고, 모든 물품이 같은 시간에 정해진 방식으로 들어와요. 게다가 조명까지 환해요! 로봇에게 정말 딱 맞는 환경이지요!

포장

제품을 분류하고 포장하는 일도 로봇에게 맡겨 주세요! 포장 로봇은 병이나 핫도그를 상자 속 원하는 위치에 딱 맞는 개수로 채울 수 있어요. 게다가 물건을 한 번에 많이 집을 수 있도록 집게도 달려 있어요.

특수한 작업

전자 기기처럼 정밀한 작업이 필요한 분야에도 로봇은 효율적이에요. 멸균 환경에서 제조되는 의료용품과 같이 특수한 물품을 생산할 때 큰 도움을 주지요. 사람이 멸균 공간에 들어가려면 손을 씻고, 특수한 옷을 입고 몸을 감싸야 하는데 로봇은 그럴 필요가 없어요.

수술 로봇

만약 의사의 손이 2개가 아니라 5개라면 어떨까요? 수술 로봇은 그런 일이 가능해요! 이 로봇은 여러 개의 정밀하게 움직이는 팔로 이루어져 있고, 팔마다 서로 다른 수술 도구가 달려 있어요. 하지만 수술은 여전히 사람이 해요. 의사가 로봇 팔을 조종해 수술을 진행하는 방식이지요.

의료 로봇

로봇은 특별한 능력으로 의학을 발전시키고 있어요! 의료 로봇은 의사와 간호사를 도와 환자를 돌보아요. 또, 정밀한 움직임으로 수술이나 암세포를 떼어 내는 일에 도움을 주지요. 사람의 혈관을 타고 이동하며 몸속 특정 부위까지 도달하는 로봇도 있어요!

방사선 치료

암을 치료하는 방법 중 하나는 암세포에 광선을 쏘아 제거하는 거예요. 하지만 광선이 암세포 주위에 잘못 맞으면 건강한 세포까지 손상될 위험이 있어요. 방사선 치료 로봇은 의사가 광선을 암세포에 정밀하게 맞힐 수 있도록 도와주어, 정상 세포를 안전하게 보호해요.

나노봇을 몸에서 약물이 필요한 곳까지 정확히 보낼 수 있어요. 알약을 삼킬 필요가 없지요!

작은 로봇 도우미

나노봇은 아주 작은 로봇이에요. 현미경을 써야만 볼 수 있지요! 로봇 학자들은 혈관을 통해 막힌 곳이나, 종양이 있는 곳까지 헤엄쳐 갈 수 있는 나노봇을 연구하고 있어요. 나노봇이 개발되면 환자들이 수술이나 방사선 치료 없이 건강을 회복할 날이 올지도 몰라요. 그럼 작은 나노봇은 어떻게 이동할까요? 한 가지 예로, 나노봇에 자석의 성질을 주어 몸 밖에서 자석을 이용해 조종하는 거예요. 하루빨리 나노봇이 개발되길 기대해 보아요!

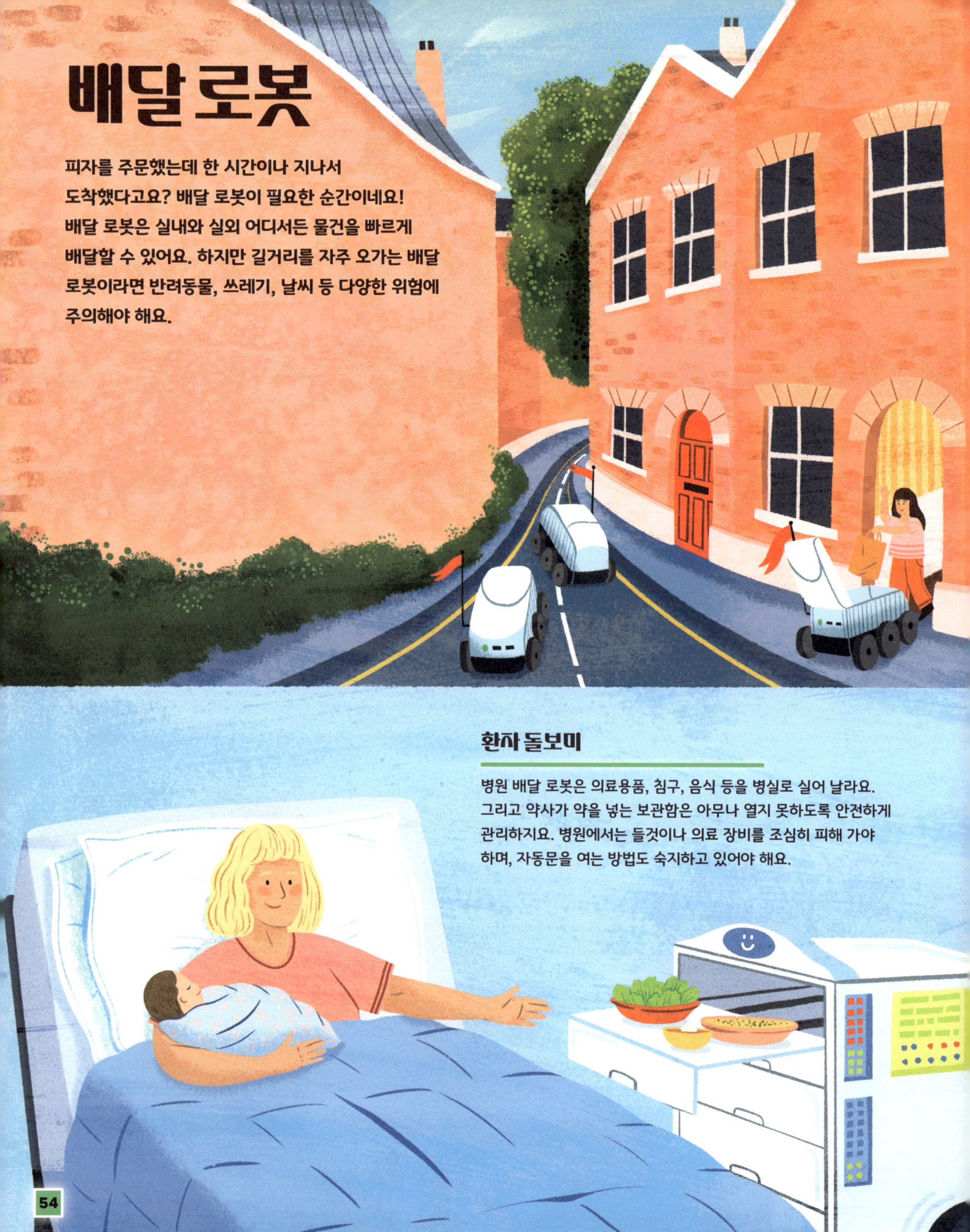

배달 로봇

피자를 주문했는데 한 시간이나 지나서 도착했다고요? 배달 로봇이 필요한 순간이네요! 배달 로봇은 실내와 실외 어디서든 물건을 빠르게 배달할 수 있어요. 하지만 길거리를 자주 오가는 배달 로봇이라면 반려동물, 쓰레기, 날씨 등 다양한 위험에 주의해야 해요.

환자 돌보미

병원 배달 로봇은 의료용품, 침구, 음식 등을 병실로 실어 날라요. 그리고 약사가 약을 넣는 보관함은 아무나 열지 못하도록 안전하게 관리하지요. 병원에서는 들것이나 의료 장비를 조심히 피해 가야 하며, 자동문을 여는 방법도 숙지하고 있어야 해요.

똑똑!

사람들의 집으로 물품이 배달되었어요! 배달 로봇은 상세한 지역 지도와 지피에스(GPS)를 보고 길을 찾아요. 우리처럼 인도로 이동하기 때문에 횡단보도와 교통 신호등을 잘 볼 수 있어야 해요.

여기예요!

항공 배달은 드론이 하늘을 날아 필요한 곳에 물품을 떨어뜨리는 방법이에요. 육로로 접근하기 어려운 지역에 음식과 약을 전달하는 데 유용해요.

룸서비스

여행에서 칫솔을 깜빡했다면 호텔 배달 로봇을 이용해 보세요! 음식, 음료수, 칫솔, 수건 등을 방으로 가져다줄 수 있어요. 직원이 로봇 위에 물품을 올려놓으면 혼자 엘리베이터를 타고 스스로 방을 찾아가요!

즐거운 우리 집

병원이나 공장처럼 넓은 공간에서 일하는 로봇도 많지만, 집에서 일하는 가정용 로봇도 있어요! 오락용 로봇이나 특정한 일을 도와주는 로봇도 있지요. 하지만 요리나 세탁처럼 여러 단계로 이루어진 복잡한 일은 아직 로봇에게 어려워요. 왜냐고요? 집마다 구조나 가구, 가족의 생활 습관이 모두 다르니까요. 그래서 가정용 로봇은 각 가정에 맞게 일을 배우고 적응할 수 있어야 해요.

작은 도우미
똑똑한 개인 비서는 아침잠을 깨워 주고, 일정을 확인하며 중요한 약속을 미리 알려 줘요.

잔디밭 가꾸기
잔디를 깎고 잡초를 뽑는 일이 귀찮나요? 자율 로봇이 대신해 줄 수 있어요!

정원사 로봇은 어느 식물에 물이 필요한지 알 수 있어요. 물을 절약 할 수 있지요.

꿈의 집

여러분이 꿈꾸는 집은 어떤 모습인가요? 그곳에 로봇이 함께 살게 된다면 어떤 일을 맡기고 싶나요? 여기에 모두 그려져 있나요?

개인 스타일리스트
언젠가는 로봇이 빨래를 개거나 옷 입는 걸 도와줄 수 있어요. 유행하는 옷차림을 알려 주면 더 좋겠죠?

오늘의 요리는?
요리사 로봇이 직접 요리해 주는 날이 올지도 몰라요. 새로운 요리를 선보이거나, 여러분이 원하는 음식을 만들어 주는 거예요.

과외 수업
과외 선생님 로봇은 학교에서 배운 내용을 집에서 보충해 줘요. 물론 체스를 가르쳐 줄 수도 있지요!

반려 로봇
동물 모습을 한 로봇과 함께 신나게 장난치며 놀 수도 있고, 야외에서 시간을 보낸 후에는 씻길 필요도 없어요!

청소하기
진공청소기 로봇은 알아서 집 안 곳곳을 돌아다니며 쌓인 먼지와 반려동물의 털, 소파 밑에 떨어진 과자까지 깨끗하게 빨아들여요!

무엇을 도와드릴까요?

서비스 로봇은 쇼핑센터, 공항, 식당, 호텔처럼 사람들이 많은 곳에서 일해요. 길을 알려 주거나, 예약을 확인하고, 손님을 자리가 있는 곳까지 안내해요. 로봇의 모양과 크기가 다양하고, 대화나 표정을 짓는 등의 사회적 기술을 갖추고 있어서 사람들과 잘 어울릴 수 있어요.

질문하세요!

박물관의 안내 로봇은 방문객들의 질문에 대답하고, 전시물에 담긴 재미있는 이야기도 들려줘요.

길 찾기

이동 능력이 있는 서비스 로봇이에요. 공항에서 길을 안내하거나, 관광지에서 여행객들에게 정보를 알려 줘요. 식당 종업원으로 일할 때도 있어요.

자, 사세요!

저 가게에는 로봇이 있네요! 한번 들어가 보고 싶지 않나요? 어떤 서비스 로봇은 가게에서 손님들을 응대하고 물건을 보여 주어요. 손님들을 끌어들이는 역할을 하죠!

달라진 삶

정말 멋지게 활약하는 로봇들이 있어요. 바로 치매 환자나 장애가 있는 사람들을 돕는 보조 로봇이지요. 보조 로봇은 신체 장애가 있는 사람들이 무거운 물건을 옮기거나 걸을 때, 또 기억이나 사고에 어려움을 겪는 사람들이 감정을 조절하고 다른 사람들과 잘 지낼 수 있도록 돕고 있어요. 보조 로봇의 목표는 사람들이 스스로 하기 힘든 일이나 불가능한 일을 할 수 있도록 옆에서 지원하는 거예요.

한 걸음씩

로봇 외골격은 다리를 잘 움직이지 못하는 사람들이 걸을 수 있도록 돕는 장치예요. 사용자의 다리 움직임을 감지하고 한 걸음씩 내딛도록 만들지요. 외골격은 걷는 힘과 근력을 보조할 수 있지만, 아직은 움직임이 불안정해서 목발이나 지팡이를 함께 써야 해요.

보조 로봇 사용법을 배우는 데 몇 달이 걸리기도 해요.

돕는 손

로봇 팔은 상체가 약하거나 장애가 있는 사람들이 식사나 요리 같은 일상생활을 할 수 있도록 도와줘요. 사용자는 조이스틱이나 태블릿을 이용해 팔을 조종할 수 있어요.

로봇 팔다리

팔이나 다리를 잃은 사람들을 위한 로봇 팔다리도 활발히 개발되고 있어요. 로봇 팔다리는 사람의 근육, 신경, 심지어 뇌로도 조종할 수 있어요. 아직 많이 쓰이지는 않지만, 생각만으로 로봇 팔다리를 움직이는 데 성공한 사례가 있어요!

친구 되기

사회적 보조 로봇은 신체 움직임이 아니라 사람들과의 상호 작용을 통해 도움을 줘요. 동물 모습의 귀여운 반려 로봇은 치매 환자들이 외로움을 덜 느끼고 편안한 마음을 가질 수 있도록 돕지요. 진짜 반려동물처럼요. 교육이나 상담 치료에 쓰이는 보조 로봇도 있답니다.

사실일까, 상상일까?

영화, 텔레비전, 책에는 사람들이 생각하는 미래의 로봇들이 종종 나와요. 초능력으로 사람들을 돕는 영웅 로봇도 있고, 로봇과 인공 지능이 악당이 되어 인류를 멸망시키려는 이야기도 있지요. 여러분의 상상 속 로봇들은 어떤 모습인가요? 영웅인가요, 악당인가요? 아니면 그 사이 어딘가에 있나요?

질문과 답

영화와 드라마에서는 로봇을 통해 '사람답다'라는 것이 무엇인지 고민하게 해요. 로봇이 우리보다 더 똑똑하고 빠르게 움직이는 미래를 그리며, 이런 질문을 던지죠. '로봇이 사람이 할 수 있는 모든 일을 대신할 수 있다면, 사람과 로봇의 차이는 무엇일까요? 로봇은 결코 가질 수 없는, 오직 사람만이 지닌 특별한 것은 무엇일까요?'

로봇 3원칙

1950년, 아이작 아시모프는 자신이 쓴 과학 소설 『아이, 로봇』에서 로봇이 지켜야 할 중요한 3가지 원칙을 소개했어요.

1) 로봇은 사람에게 해를 끼쳐서는 안 된다.
2) 로봇은 첫 번째 원칙을 어기지 않는 한, 사람의 명령에 복종해야 한다.
3) 로봇은 첫 번째와 두 번째 원칙을 어기지 않는 한, 자신을 보호해야 한다.

아주 단순해 보이나요? 하지만 아이작의 이야기는 합리적인 것처럼 보이는 이 원칙에 놀라운 허점이 숨어 있다는 것을 보여 주었어요. 여러분이 상상하는 로봇은 이 원칙들을 잘 따르나요?

로봇이 우리의 일자리를 빼앗을까?

로봇은 사람들이 하기 싫어하는 힘들고, 더럽고, 위험한 일을 잘할 수 있어요.
그럼 그 일을 직업으로 삼았던 사람들은 더 안전하고 재미있는 일로 옮겨 갈 수 있을까요?
아니면 아예 일자리를 잃게 될까요? 로봇이 점점 더 똑똑해질 때 어떤 일이 벌어질지는 정확히 알 수 없지요.
로봇이 우리의 일자리를 어떻게 바꿀지에 대해 두 가지 다른 생각이 있어요.

로봇은 나쁜 거야!

만약 로봇이 유리창을 닦거나 햄버거 패티 뒤집는 일을 한다면, 누가 돈을 주고 사람을 고용할까요? 이런 일을 했던 사람들은 결국 일자리를 잃고 말 거예요.

로봇은 노동자를 대체할까요, 아니면 도울까요?

로봇은 좋은 거야!

로봇이 사람을 대체하는 것이 아니라, 사람의 일을 도와준다면 같은 일을 더 빨리 끝낼 수 있어요. 반복적이고 지루한 일은 로봇에게 맡기고, 사람들은 더 창의적이고 재미있는 일을 하는 거예요! 로봇을 좋게 보는 사람들은 18세기 산업 혁명 이후 기술이 계속해서 일자리를 바꾸어 왔고, 로봇도 그 변화의 한 부분이라고 말해요.

로봇 윤리학

로봇은 사람에게 위협을 가할까요?
로봇을 사용하는 것이 잘못된 일일까요?
로봇은 도덕적으로 행동해야 할까요?
로봇 윤리학은 이런 도덕적 질문들을 탐구해요. 정해진 답은 없어요. 로봇 윤리학의 목표는 다양한 의견을 나누고 이야기하는 거예요.

로봇이 전쟁터에서 싸우도록 허용해야 할까요?
앞에서 살펴본 것처럼, 로봇이 전쟁에 참여하면 더 안전해지는 사람들이 있는 반면에 더 위험해지는 사람들도 있어요.
전 세계 여러 나라는 이 질문에 대한 답을 찾으려고 노력하고 있어요.

통제 상실

로봇은 우리에게 피해를 줄 수도 있어요. 만약 로봇이 집에서 물건을 망가뜨린다면, 그 책임은 누구에게 있을까요? 부모님이 손해를 감당해야 할까요? 아니면 로봇을 만든 회사가 책임져야 할까요?

로봇에게도 권리가 있나요?

친구들 대신 로봇과 어울려도 괜찮다고 생각하나요?

로봇 윤리학은 '극단적인 상황'을 다뤄요. 그래서 예상하지 못한 답이 나오기도 하지요. 여기 있는 질문들에 어떻게 답하면 좋을지 고민해 보고, 그 답이 달라질 수 있는 상황도 함께 떠올려 봐요.

로봇이 생명과 죽음을 결정해도 될까요?

로봇은 거짓말을 해도 될까요?

로봇이 얼마나 영리해질지 한계를 정해야 할까요?

진짜 같나요?

로봇을 사람이나 동물처럼 만드는 건 어때요? 만약 로봇이 반려동물과 똑같이 생기면 사람들은 진짜 동물로 착각할지도 몰라요. 그렇다면 이렇게 착각하는 사람들은 실제 동물과 유대감을 쌓고 있다고 생각해야 할까요?

미래

우리는 지금까지 오늘날의 로봇에 대해 많은 걸 이야기했어요. 그럼 미래의 로봇은 어떤 모습일까요? 아직 나온 적 없는 새로운 물질로 로봇을 만들 수도 있고, 로봇이 아주 특이한 모양을 하거나 우리가 상상하지 못한 일을 할 수도 있어요. 앞으로 10년 후, 여러분은 어떤 로봇을 만나고 싶나요?

로봇의 발이 끈적이는 물질로 되어 있으면 가파른 곳도 오를 수 있어요.

창의적으로 생각하기

로봇 학자들은 로봇이 특별한 능력을 갖도록 새로운 물질을 계속 발명하고 있어요. 로봇이 놀라운 높이로 뛰어오르거나, 죽 늘어나거나, 벽을 타고 올라갈 수도 있도록요! 새로운 물질을 만들고 실험하는 데는 몇 년이 걸리기도 해요. 하지만 언젠가는 금속이나 플라스틱이 아닌 다른 물질로 로봇을 만들 날이 올 거예요.

드론이 더 빨리 날고, 더 무거운 짐을 운반할 수 있도록 새로운 모양의 프로펠러가 나올 수 있어요.

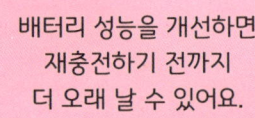

배터리 성능을 개선하면 재충전하기 전까지 더 오래 날 수 있어요.

동력 증가

로봇은 작동하려면 에너지가 필요해요. 그래서 에너지를 만들고 저장하는 더 좋은 방법을 찾아내는 것이 중요하지요. 배터리 기술이 발전하면 로봇은 더 오래 움직일 수 있고, 어려운 환경에서도 잘 작동할 거예요. 태양광 같은 재생 에너지 기술이 발전하면 필요한 에너지를 그때그때 얻을 수 있게 되지요. 분명 로봇과 지구 모두에게 큰 도움이 될 거예요!

자동차가 알아서 운전할 수 있다면 운전 면허증을 따지 않아도 되겠죠?

새로운 재능

로봇은 아직 사람보다 잘하지 못하는 것도 많아요. 특히 창의적인 일이 그래요. 하지만 앞으로는 달라질지 몰라요. 인공 지능이 발전할수록 더 영리하고 유능한 로봇이 나올 거예요. 언젠가는 생방송 무대에서 코미디언과 농담을 주고받는 로봇을 보게 될지도 몰라요!

내 로봇 만들기

여러분이 직접 로봇을 만들고 싶다면 우선 여기에 적힌 질문들에 답해 봐요. 답에 따라 내 로봇에 필요한 하드웨어와 소프트웨어가 무엇인지 알 수 있어요.

어디에 쓰이나요?

로봇의 모습은 무엇을 하는 로봇인지에 따라 달라져요. 따라서 로봇의 목적을 정하는 것이 첫 번째 단계예요! 로봇이 장난감을 가져다주면 좋겠나요? 아니면 아주 높이 뛰게 만들고 싶나요? 숙제를 도와주기를 바라나요?

어떤 모습을 원하나요?

아주 큰 로봇을 원하나요? 아주 작은 로봇을 원하나요? 사람처럼 보여야 하나요? 아니면 기계처럼 보여도 상관없나요? 로봇의 목적을 정한 뒤에 내리는 결정에 따라서 내 로봇을 어떻게 설계할지도 정해져요.

어떻게 움직일까요?

설계도를 완성하면 이제 어떤 구동기가 필요한지도 알게 돼요. 로봇이 바닥에서 구르려면 바퀴가 필요하고, 물속에서 헤엄치려면 지느러미나 프로펠러가 필요해요!

무엇으로 만들까요?

로봇은 금속, 플라스틱, 전선으로 이루어져요. 하지만 다른 물질로 만든 로봇도 있어요. 만약 로봇이 죽 늘어나거나 모양을 자유자재로 바꿀 수 있기를 원한다면 실리콘이나 고무 같은 부드럽고 유연한 재료를 사용해요. 자, 이제 여러분의 창의력을 마음껏 발휘해 보세요!

그다음은?

로봇에 대해 더 알고 싶나요? 직접 로봇을 만들어 보거나 로봇 수업을 들어 보는 것부터 시작할 수 있어요. 나중에 로봇 학자가 되려면 학교에서 과학, 기술, 수학 수업을 열심히 들어야 해요! 여러분이 목표를 이루는 데 큰 도움이 될 거예요.

로봇 탐험을 시작해요!

우리 주변의 흔한 도구들로도 간단히 로봇을 만들 수 있어요. 온라인 동영상, 책, 로봇 키트를 찾아봐요. 학교에 로봇 수업이나 로봇 동아리가 있을 수도 있어요. 학생들이 로봇을 만들어 참가하는 대회도 있지요. 참가 방법도 금방 알아볼 수 있어요. 그러려면 팀부터 짜야겠지요?

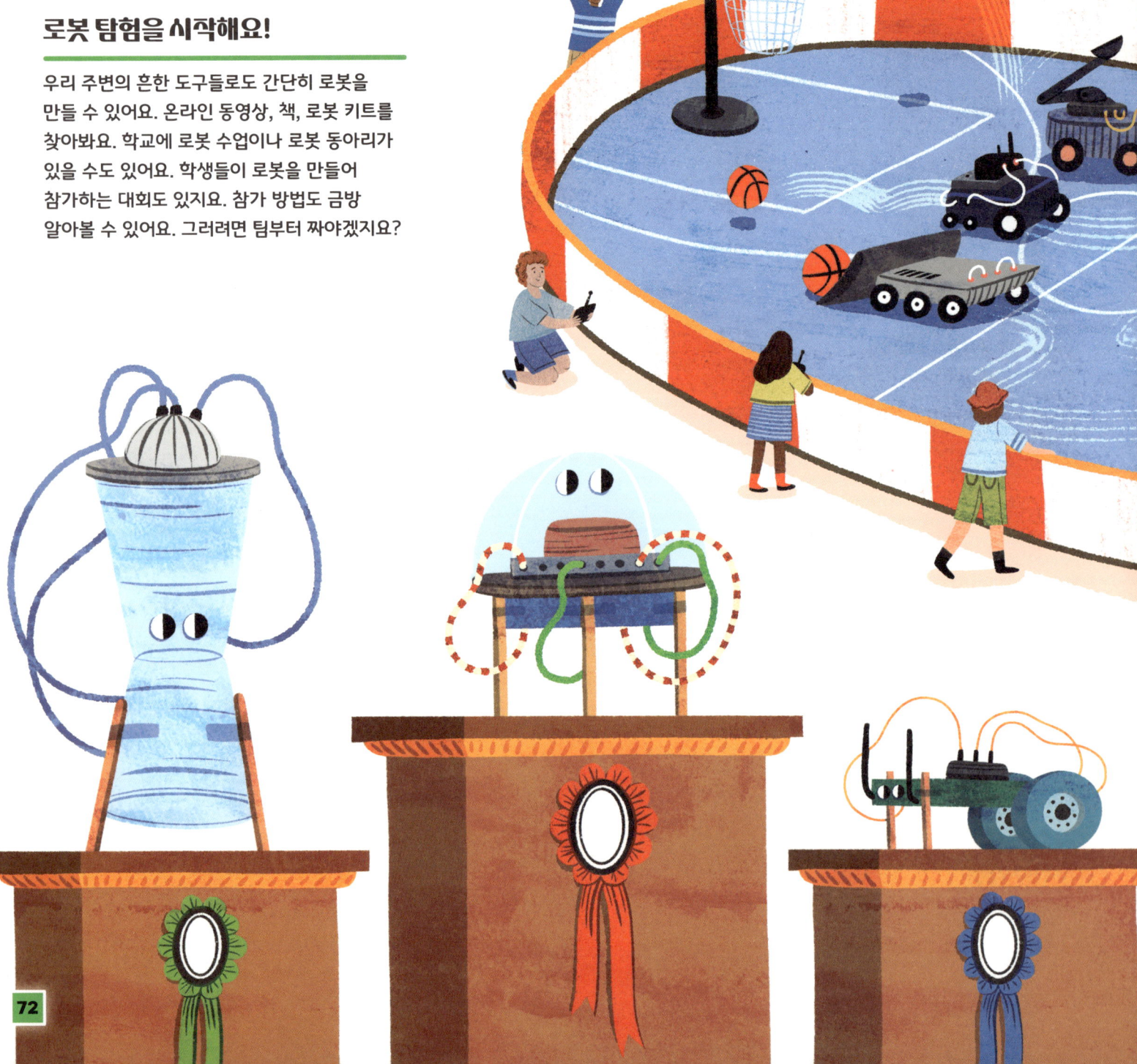

로봇 학자가 되려면

과학과 수학이 많이 어렵나요? 걱정하지 말아요. 나만 그런 게 아니에요! 여러분에게 공부할 시간은 충분히 있으니, 궁금한 점이 생기면 바로 질문하도록 해요! 그리고 로봇 학자가 될 길은 많아요. 로봇 공학은 계속 발전하고 있어서 다양한 기술을 가진 사람들이 필요하거든요. 대학에서 기계 공학이나 컴퓨터 공학을 공부하고, 로봇 회사에서 실습생으로 일하며 배울 수도 있어요. 가장 중요한 건 자신이 좋아하는 일을 찾아 즐기며 배우는 거예요!

여러분의 세상!

와! 드디어 책을 다 읽었네요.
이제 여러분은 로봇에 대해 많은 것을 배웠어요!

로봇 공학은 아주 빠르게 변화해요. 지금도 수많은 로봇 학자들이
새로운 로봇을 발명하고 있지요. 그래서 오늘 이 책에서 읽은 내용이 내일이면
이전의 정보가 될 수 있어요. 하지만 좋은 소식은 로봇을 연구하는 사람들이 아주 많다는
거예요. 여러분도 그중 한 명이 될 수 있어요! 하드웨어를 설계하거나 소프트웨어를
작성하고, 로봇의 '두뇌'가 될 새로운 인공 지능을 개발하는 등
첨단 로봇을 만들려면 해야 할 일이 참 많아요.

이 책을 읽고 로봇 학자를 꿈꾸는 어린이가 많아지면 좋겠어요.
로봇을 연구하는 데 나이, 성별, 국적, 언어는 중요하지 않아요. 로봇은 많은 사람이
함께 협력해 만들어 가니까요. 서로 다른 생각과 경험을 가진 사람들이 모일수록
더 멋진 로봇이 탄생한답니다! 여러분도 로봇 학자가 될 수 있어요.
중요한 건 호기심을 가지고 배우려는 마음이지요. 미래는 여러분의 것이에요.
여러분은 로봇을 통해 어떤 세상을 만들고 싶나요?

용어 설명

감지-계획-실행 주기
로봇이 기능하는 데 쓰이는 3단계 과정이에요.

감지기(센서)
로봇이 주변 환경을 지각하는 데 쓰는 장치예요.

구동기(액추에이터)
팔이나 바퀴를 움직이게 하는 부품으로 전기 모터로 작동해요.

기계 학습
기계가 사례나 경험을 통해 새로운 지식을 학습할 수 있도록 해 주는 형태의 인공 지능이에요.

나노봇
사람 눈에 잘 보이지 않는 작은 로봇이에요.

네발 로봇
다리가 4개인 로봇이에요.

다중 로봇 시스템
함께 움직일 수 있는 여러 로봇들로 구성된 시스템이에요.

드론
날 수 있는 로봇으로 '항공 로봇'이라고도 해요.

레이저 거리 측정기
레이저를 쏘아 물체와의 거리를 재는 장치예요.

로봇 학자
로봇을 설계하거나 만들고 프로그램을 짜는 사람이에요.

마이크로컨트롤러
컴퓨터 칩으로 로봇에서는 감지기와 구동기를 제어하는 일을 해요.

모터
전기 같은 동력을 운동으로 전환하는 장치로 구동기를 움직이는 데 쓰여요.

비언어 의사소통
말없이 몸짓, 표정, 손짓 같은 신호를 써서 정보를 전달하는 상호 작용이에요.

뼈대
사람의 뼈대처럼 로봇의 기본 형태를 구성하는 부위예요.

산업 혁명
18~19세기에 새로운 기술이 등장하면서 농촌에 있던 사람들이 대규모로 도시 공장으로 옮겨 간 사건이에요.

소프트 로봇
유연하거나 신축성이 있는 물질로 만들어져서 모습을 바꿀 수 있는 로봇이에요.

소프트웨어
로봇에게 어떻게 행동할지 알려 주는 컴퓨터 코드예요.

수중 원격 조종 차량(ROV)
사람의 조종을 받으며 물속에서 활동하는 로봇이에요.

안드로이드
인간형 로봇 중에서도 진짜 사람처럼 보이는 로봇으로 피부나 털까지 사람을 쏙 빼닮을 수도 있어요.

인공 지능
추론, 계획, 대화 등 지적인 존재가 할 수 있는 일을 하는 기계의 능력이에요.

자율
조종을 받지 않고 전적으로 스스로 알아서 작동할 수 있는 것을 말해요.

자율 수중 차량(AUV)
사람의 조종을 받지 않은 채 물속에서 활동할 수 있는 로봇이에요.

지피에스(GPS)
위성 위치 확인 시스템으로 인공위성을 써서 지구에 있는 물체의 위치를 찾아내는 데 쓰여요.

집게
손처럼 물건을 쥐는 데 쓰는 로봇의 한 부위예요.

챗봇
음성이나 문자로 사람과 대화하는 컴퓨터 프로그램으로 인공 지능이 많이 쓰여요.

폭발물 해체 로봇
폭발물을 해체하거나 파괴하는 로봇으로 사람이 조종해요.

하드웨어
로봇의 물리적 부위예요.

휴머노이드
사람의 모습을 닮은 로봇으로 인간형 로봇이라고도 해요. 사람처럼 머리 하나에 팔과 다리가 2개씩 있는 모습이에요.

찾아보기

ㄱ

가정용 로봇 56
감지-계획-실행 주기 10~11
감지기 8, 10, 16~17, 47
곤충 38
공장 7, 41, 46, 50~51, 56
구동기 8, 24~25, 38, 71
구조 로봇 47
기계 학습 14, 18~19

ㄴ

나노봇 53
네발 로봇 30
녹색 로봇 27
농업 로봇 32

ㄷ

다중 로봇 시스템 34~35
다리 30, 38~39, 48, 60~61
동력 8, 25, 68
동물 12, 29, 31, 38~39, 57, 61, 67

두 발 로봇 30
드론 31, 34, 48, 55, 68

ㄹ

로봇 선생님 22~23
로봇 학자 4, 13, 31, 32, 38~39, 45, 53, 68, 72~73, 74

ㅁ

마이크 10, 16
마이크로컨트롤러 8
물질 28, 37, 38, 41, 68, 71

ㅂ

바퀴 8, 24, 30, 71
박물관 58
반려 로봇 57, 61
반자율 14
배달 로봇 54~55
병원 40, 54, 56
보조 로봇 60~61

분산형 시스템 35
블랙박스 15
비행 로봇 31
뼈대 8

ㅅ

사회적 로봇 22~23, 61
상상 속 로봇 62
서비스 로봇 58~59
소방 로봇 27
소프트 로봇 36~37
소프트웨어 8~9, 70, 74
수술 52~53
수중 로봇 42~43
수중 원격 조종 차량(ROV) 42
수확 로봇 33
심층 학습 19

ㅇ

안드로이드 12
인간형 로봇 12

인공 지능 4, 6, 12~13, 14~15, 18, 62, 69, 74
의료 로봇 52
의사소통 20~21, 22
윤리학 66~67
운동 22, 24~25
원격 조종 14, 24, 42
이동 4, 12, 30, 48, 53, 55, 59
우주 탐사 4, 44~45

ㅈ

자연어 처리 20
자율 로봇 56
자율 수중 차량(AUV) 43
장애 60~61
재난 지역 46
재생 에너지 68
재활용 27
전쟁 48~49, 66
제조 51
조립 라인 50

조명 쇼 34
조작 28
중앙 집중형 시스템 34
지피에스(GPS) 55
진공청소기 57
집게 9, 24, 28~29, 36, 51

ㅊ

창고 51
치매 60~61

ㅋ

카메라 7, 8, 10, 17, 33
컴퓨터 프로그램 9

ㅍ

포장 로봇 51
폭발물 해체 49

ㅎ

하수관 41

하드 로봇 37
하드웨어 8~9, 70, 74
학습 14, 18~19
항공 로봇 26, 31, 33, 47, 48
호텔 55, 58
휴머노이드 12, 45

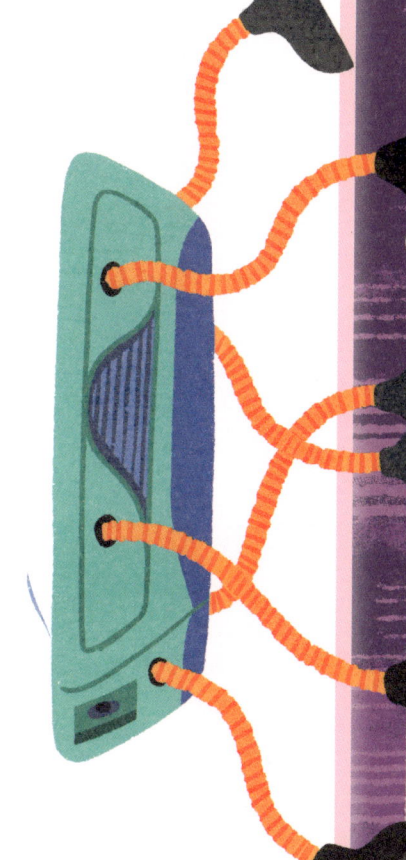

글 헤니 애드모니

로봇 연구 분야에서 세계 최고의 명문으로 알려진 미국 카네기멜런대학교의 로봇공학과 부교수로 재직 중이에요. 사람들이 더 편안한 삶을 살 수 있도록 로봇과 AI를 개발하고 있는 '인간과 로봇의 파트너십(HARP)' 연구실을 이끌고 있어요. 주요 연구 분야는 '인간-로봇 상호 작용' '보조 로봇 기술' '인간 중심 학습' '인간 행동 모델링'이에요.

그림 에이미 그라임스

영국 런던에서 활동하는 삽화가로, 자연과 그 안에서 발견되는 자연스러운 무늬에 영감을 얻어 밝고 강렬한 소재, 꽃과 나무의 풍경을 그려요. 출판 및 디자인 업계와 협업하는 동시에 그림과 문구 등을 판매하는 '헬로 그라임스'라는 브랜드를 운영하고 있지요. 그동안 그린 책으로는 『신화가 좋다 여행이 좋다』『잠들기 전 5분 잠 이야기』 『우주에서 외계인을 찾는 과학적인 방법』 등이 있어요.

옮김 이한음

서울대학교에서 생물학을 공부했고 과학 전문 번역가이자 과학 저술가로 활동하고 있어요. 지은 책으로 『생명의 마법사 유전자』 등이 있고, 옮긴 책으로 『인간 본성에 대하여』『바다: 우리 몸 안내서』 등이 있어요.

로봇과 AI 세상

초판 1쇄 펴낸날 2025년 7월 18일

지은이 헤니 애드모니, 에이미 그라임스
옮긴이 이한음
펴낸이 허주환, 현준우

총괄 김현지
편집 최은지
마케팅 윤유림, 정원식
디자인 시다현
제작 이정수, 박지수

펴낸곳 ㈜아이스크림미디어
출판등록 2007년 3월 3일(제2011-000095호)
주소 13494 경기도 성남시 분당구 판교역로 225-20(삼평동)
전화 031-785-8988
팩스 02-6280-5222
전자우편 books@i-screammedia.com
홈페이지 www.i-screammedia.com
인스타그램 @iscream_book
블로그 blog.naver.com/iscream_book

ISBN 979-11-5929-404-4 77550

ROBOTS: EXPLORE THE WORLD OF ROBOTICS AND AI
Copyright © 2024 St. Martin's Press
All rights reserved. First published 2024 by Neon Squid a division of Pan Macmillan.

Korean translation copyright © 2025 i-Scream Media CO.,LTD.
Korean translation rights arranged with Macmillan Publishers International Limited through EYA Co.,Ltd.

이 책의 한국어판 저작권은 EYA Co.,Ltd를 통해 Macmillan Publishers International Limited와 독점 계약한 ㈜아이스크림미디어가 소유합니다. 저작권법에 의하여 한국 내에서 보호를 받는 저작물이므로 무단 전재 및 복제를 금합니다.

• 책값은 뒤표지에 있습니다.
• 잘못 만들어진 책은 구입처에서 교환해 드립니다.